真の家庭を出発するために

祝福家庭の聖別期間と三日行事

倉本正彦

光言社

発刊にあたって

人類の希望は、「真の父母様の顕現」であり、真の父母様から与えられる「祝福結婚」です。一九六〇年の「小羊の婚宴」である真の父母様の御聖婚によって祝福結婚の歴史が出発しました。真の父母様の祝福によって、堕落人間が悪の血統から善の子女として重生される道が開かれたのであり、驚くべき恩恵です。

祝福結婚の初期においては、献身的生活や厳しい基準が求められていましたが、真の父母様の勝利圏の拡大によって、多くの人々が祝福を受けるようになりました。祝福の基準も緩和され、対象も拡大されています。しかし、祝福家庭として受ける恩恵や責任は変わりません。祝福の意義と価値を深く理解して、天の伝統と願いを理解する必要があります。

祝福行事は祝福結婚式だけでなく、約婚式から家庭出発に至るまでの一連の内容です。

本書は真の父母様が、祝福を受けた後の夫婦の生活について語られた内容を整理したものです。聖別期間をどのように生活すべきなのか、家庭出発前に持つべき心がけ、さらには家庭出発後に神様の願いである真の家庭づくりを成すための準備について学ぶことができます。

本書を通して真の父母様のみ言《ことば》を確認していただき、祝福の伝統を正しく相続する祝福家庭になることを念願いたします。

世界平和統一家庭連合　家庭教育局

真の家庭を出発するために・目次

目次

第3章　永遠の夫婦の出発「三日行事」

はじめに

祝福結婚はその結婚儀式以上に、結婚後の理想的な家庭の形成に重点をおいています。夫婦が浮気や離婚することなく永遠に愛し合い、立派な子女をもうけて、親子の心が通い合う家庭です。それは三世代が自由に交流できる、心情で結ばれた解放された家庭です。

そのためには、歴史的に積み重ねられてきた恨みや過ちを清算し、神様を中心とした夫婦の絶対的な信頼関係、変わらない愛の関係を築いていかなければなりません。

その意味で、祝福を受けたから一安心というのではなく、これから理想的家庭づくりを目指して、夫婦の長い再創造の路程が始まるのです。

幸い、祝福家庭には手本とすべき真の家庭のモデルがあります。長年にわたる、計り知れない苦労と犠牲の上に、真の父母様が理想的家庭を成就されました。

結婚式を終えた二人の第一歩として、まずは夫婦としてのスタートラインに立たなければなりません。

小著は、祝福を受けた夫婦が、家庭を出発するために、最低限必要な原則的内容を、真の父母様の経験から語られたみ言葉に基づいて整理したものです。

祝福を受けたカップルの置かれた立場をよく理解し、希望をもって、正しく家庭を出発されるよう願ってやみません。

著者

第1章　神様から公認された夫婦

過去の清算の近道

祝福は、神様と人類が探し求めてきた理想の結婚のあり方です。結婚は人の幸不幸を左右する、生涯で最も重要な行事であって、その結婚の成否は出会いにかかっています。

神様の観点から見るとき、相手が有能であるとか、姿形が優れているとか、そういうこと以上に、二人の間にいかなる調和がもたらされるかということが重要なのです。

一般的に結婚相手を決める場合、「今」を見て判断しようとします。しかし、実際結婚は「過去」の先祖にも影響しますし、「未来」の子孫にも血統を通して影響を与えるのです。そう考えると、結婚相手は「過去」「現在」「未来」、すべての観点から見て「よい」というのが理想だといえます。

真の父母様は、そのような観点から正しく相対を見いだしてくださったのです。

まず、「過去においてよい」とはどういうことでしょうか。

より素晴らしい夫婦になるためには、過去の罪を清算しなければなりません。〝負債〟を引きずったまま結婚すれば、希望的出発はできないのです。民族・国家の罪、先祖が抱えてきた悪因縁や過ちなど、すべてきれいに清算して初めて、夫婦として、家庭として、新しく出発することができるのです。

このように、本来祝福は、民族や先祖や個人の過去の罪をすべて清算したうえで受けることが望ましいのですが、実際は準備がないままに、未清算で受ける場合がほとんどです。私たちは、先祖の遺伝的罪も、日本人としての連帯罪もすべて抱えたままなので、これらを清算しなければ、新しい家庭を出発することができません。

したがって、それを清算するためにふさわしい相手を迎えることが、「過去においてよい」ということなのです。

そうでなければ、清算されていない罪が、祝福二世に引き継がれる可能性が残ってしまいます。祝福二世にそのような子供が生まれるということは悲劇です。

「自分の子供には重荷を負わせたくない」というのが親の気持ちです。子供が苦しんでいれば、「自分が代わって背負ってあげたい」と考えるのが親です。親というのは、自分の相対者が立派である以上に、子供が立派であるほうがうれしいのです。

ですから、夫婦の間で、過去のすべての問題を一挙に清算するしかありません。理想的夫婦とは、過去の罪、過ちをきれいに清算することのできる相対を迎えた夫婦をいうのです。

そのためには、初めは最低の夫、最低の妻と感じるような位置からでも出発するのがいいというのです。それが最短で過去を清算し、蕩滅《とうげん》を越えていく近道です。つまり、自分より低い者を相対者として迎えても、高い者のように大切に愛していくようなところに、過去を清算することができる道があるのです。

真のお父様は、「過去の歴史を蕩滅するための因縁をもって出会ったのに、醜いと不平を言えば、先祖から綴《つづ》られてきた血統的過誤を清算する道がない」と言われるのです。

神様が誇りとするカップル

そのような過去の因縁をもって出会った相対関係ですから、先輩家庭においても、一人一人を見たら素晴らしい信仰者なのに、二人が家庭人として一緒になったら難しい場合があります。それは、二人が合わないからではなく、夫婦を通して蕩減すべき先祖の罪があるからです。

ところで、神様が誇りとするカップルとは、どんなカップルでしょうか。

美男美女の相思相愛のカップルでしょうか。それとも、家庭をもち、一つになるために長年闘いながらも、「自分たちは、たった一度も離婚を考えたことがない。今なお希望をもって努力している」というカップルでしょうか。神様は、後者のようなカップルを万民の前に誇りたいのです。

夫婦が、闘っていながらも離婚を考えないということは、今の世の中では考えられないことです。それは、「私の夫は生涯に一人しかいない」「私の妻は生涯に一人しかいない」という信念をもっている証拠です。だから、そのようなカップルを神様は誇るというのです。

美男美女で相思相愛のカップルが生涯継続すればよいのですが、実際には壊れやすいのが現実です。それは、先祖の罪や過ちをそのままにしているために、いくら相思相愛といっても、夫婦の立つべき内的基盤がないためです。

今、合わないようなカップルも、忍耐して先祖の蕩減《とうげん》が終了すれば、必ず合うようになるというのです。その時には、最初、相思相愛で出発したカップルと、時間がたつにつれて逆転現象が起こるでしょう。

美人の妻を愛したからといって、だれも感動しません。美人でない人を美人以上に愛する姿に、皆が感動するのです。そういうカップルほど多くの人々に希望を与えるのです。

真の父母様はこのように言われます。

「ある人は、身体に障害がある者と結婚しました。そのような夫婦は、心情的にどうやっていくだろうか。そこに関心があります。われわれは現在のために生きるのではありません。歴史のために生まれたと思いなさい。歴史時代の先祖たちの間違いが、自分の代へ来て、蕩滅する形で現れ、自分が障害者になったけれど、全体の先祖が悪いのではありません。ですから、不満に思ってはならないというのです。不幸になるのではなく、心情的世界では、逆にそこから幸福を受ける因縁が結ばれるということを考えなさい」

このような二人から素晴らしい愛が生まれてきたならば、それは天において、最も誇るべきカップルになるというのです。

神様が公認した相対者

次に、「現在においてよい」というのは、どういうことでしょうか。

神様はエデンの園において、アダムの絶対的愛の対象として、永遠の相対として、神の責任においてエバを創造されました。アダムの結婚相手は、アダムの責任にゆだねられたのではなく、神自らが責任をもたれたのです。それは、神様の創造理想の成否が「夫婦」

にかかっていたからです。

そのため神様は、アダムと完全一体化できるようにエバを全力を投入して造られたのです。しかし、堕落したことによって、理想的な相対の位置を失ってしまいました。

同じように、祝福の相対を真の父母様が組まれたということは、神様が完全投入してアダムの相対を創造されたのと同じ立場なのです。それゆえ、真の父母様にとってマッチングの作業は何よりも深刻であり、真剣に取り組まれるのです。夫婦の組み合わせが、本人の幸福のみならず、大きくは世界平和の実現にも決定的意味をもつからです。

こうしてみると、祝福のカップルには、神様の公認と保証があり、「絶対的夫婦としての価値」が賦与されています。相対者は自分には合っていても、他人には合わないのです。ですから、相対者は他と比較してみるものではありません。それは堕落観念です。他人の相対者がよく見えても、その人は皆さんには合わないのです。「何十億の男性、何十億の女性がいたとしても、唯一の男性、唯一の女性として神様から与えられたのだ」という観念をもたなければなりません。

たとえ、再祝福であっても、神様が現在の相対者を「絶対的な相対」として認定してく

だったのですから、過去の相対者は関係ありません。絶対的に合う立場として、神様が公認した相対者なのです。

それゆえ、皆さんの努力によって、理想的相対の位置に立つことができます。皆さん自身が放棄しない限り、地上のみならず、霊界までも永遠に共にいてくれる伴侶《はんりょ》です。喜びも、悲しみも共有できる、理想世界への同伴者が、相対者なのです。

この世の結婚においては人類始祖の堕落により偽りの愛の血を引き継ぐようになったため、どんなに仲睦《むつ》まじい夫婦であっても、霊界では夫婦の愛の因縁がなく、ばらばらだといいます。

霊界は永遠です。独りぼっちほど耐え難いことはありません。永遠に一緒にいてくれる相対者がいるということは、いかにありがたいことでしょうか。それだけでも感謝しなければなりません。一人では天国に行けません。天国は愛の世界ですから、愛する相手をもたなければ入れないのです。

神様が与えてくださった相対者と出会うこと、それが正しい出会いです。「結婚は、出会いによって成否が決定する」と言っても過言ではありません。

本質において適合する二人

そして、「現在がよい」というのは、今の二人がよく合えばいいということではありません。祝福の相対関係というのは、相互に欠点を補完し合うことができるように、組み合わされています。自分にないものを相手がもっている、そういう組み合わせが多いのです。

一般的に、結婚する場合、共通点の多い人ほどうまくいくと考えがちです。趣味や性格など、共通部分が多ければ、確かに最初は合うでしょう。しかし、「飽き」が来るのも早いというのです。

祝福結婚の場合、共通点の少ない者が出会うことが多いのです。無口な男性におしゃべりな女性、スポーツは得意だが音楽には興味のない男性とその逆の女性、こういう組み合わせがよいというのです。

ですから、二人が最初から合うということは少ないのです。しかし、本質においては適合する二人が組まれていますから、時間の経過とともにだんだん一致するようになり、二人が愛し合うようになれば、お互いに相手の影響を受けて、相手のものを相続するようになります。愛には創造の力があり、愛によって新たに付加されていくというのです。

お互いの影響を受けて、無口な夫が話し好きになり、おしゃべりな妻がしとやかになり、また、音楽に興味のない夫が興味をもつようになり、スポーツの苦手な妻がスポーツに関心をもち始めるというわけです。こうして、夫婦の愛の成長に比例して、今までになかった新しい世界がお互いに相対者によって開かれていくのです。

似たような夫婦からは新しいものは出てきません。自己を再創造する道もありません。これでは、結婚の意義も乏しく、家庭を通しての飛躍も願えません。今、合わないからといって、問題にすることはありません。根底は合うのです。お互いを信じて、合うように努力していくのです。その過程で成長し、お互いがなくてはならない存在になっていきます。似た者が調和するより、違う者同士が、それぞれに異なった個性を発揮しながら、お互いを引き立て合いながら調和する、その調和がもっと美しいというのです。

神様は、男と女を、それぞれ不完全なものとして造られました。男と女が一つになって完成するようになっているのです。それゆえ、一人では完成することはできず、夫婦が一つになって初めて、人として完成することができるのです。

真のお母様も、最初から今日のようであられたわけではなく、真の父母様も、最初から今日のように愛し合われていたのではありません。お父様が一つ一つ投入されて、今のような立派なお母様につくりあげられたのです。それゆえ、お父様はお母様が多くの人々から褒められたら、ご自身が褒められるよりうれしいというのです。

そのような投入し合う関係を通して、お二人の中に、切っても切れない愛の世界が生まれてきたのです。真の父母様は、今や別々の存在ではなく、お一人です。

このように、夫婦関係はつくりあげていくものです。不完全なものから、理想を目指してつくりあげていくのです。その中で、心情の因縁ができ、愛が生まれ、成長していくのです。そのようにして、夫婦の心情の絆《きずな》が固く結ばれるのです。

夫の欠点、妻の欠点を発見したならば、直してあげればいいのです。欠点として見えるということは、自分にそれを補う内容があるということです。その欠点を自分が直してあげて、自分の理想の姿につくり変えていけばいいのです。それが愛するということです。

自分は何の努力もしないで相手に「理想的な妻（夫）であってほしい」と言うのは、怠け者の考え方です。

妻が夫を教育し、立派な素晴らしい男性に育てることは、妻自身のためでもあるのです。その夫が褒められるようになれば、妻は自分が褒められること以上にうれしいのです。

一方、立派な夫と立派な妻が一緒になれば、つまらないとも言えます。なぜならお互いに助け合い、再創造し合う必要性がないため、お互いの関係ができず、愛も成長しないというのです。愛する人のために何もしてあげることがないほど、つまらないことはないのです。

合わなかった夫婦が愛で一つになれば、夫ゆえに、妻ゆえに、自分が救われていることが分かります。

真のお父様はこのように語られます。

「夫婦は初めからぴったり合うものではありません。初めから合うものは中途で終わります。最初から合わないものを合わせて、立派な家庭をつくるのです。夫婦はお互いにいいところをもっているのです。自分が及ばないものを必ずもっています」

子孫繁栄のための祝福

最後に、「未来においてよい」というのはどういうことでしょうか。それは、子孫のためによい組み合わせであるということです。

祝福は、現在の夫婦だけが幸せになるためではなく、未来のための祝福であり、後孫のための祝福なのです。真の父母様はマッチングの時に、いつも「夫婦のいいところが似るように組んであげたよ」と言われます。

もし、似たような者同士が結婚すれば、似たような子供が生まれるでしょう。しかし例えば、美人ではあるが体の弱い女性と、醜男《ぶおとこ》でも丈夫な男性が結婚すれば、そこからは、お父さんに似て丈夫な、お母さんに似て美男美女の子供たちが生まれてくるのです。それが素晴らしいというのです。そういう組み合わせが一番いいのです。

「自分にないものを相手がもっている」、そこに価値があります。子供は、父母の欠点が補われ調和して生まれてきます。子供を見ないと、また孫を見ないと、本当の意味で祝福の価値は分かりません。

一般的に結婚する場合、二人が気に入ったらそれでよいのであって、将来二人から生まれてくる子供のことまで考えて、相手を決めようとする人はあまりいません。それでいて、子供が誕生してから子供に多大な期待を寄せるのです。子供の性格や能力は、本人の努力や後天的な要素よりは、生まれつきの先天的な内容に負うところが大きいのです。子供の問題は無責任な結婚をした親にこそ原因があると言わざるを得ません。

ですから、真のお父様は、「ともかく三年間一緒に暮らしてみるまでは、不平を言うなというのです。皆さんが合わないと言うその男性を通して、世界の大統領が生まれないということを、だれが断言できるでしょうか。耐える者が福を受けるのです」とおっしゃいます。

また、「よい子供を生みたければ、夫や妻を神様や真の父母のように愛し、両親のように愛しなさい。そうすると、その運勢を受け継いで、皆さんとは全然違う子供が生まれる」

と言われます。祝福家庭の夫婦が愛で一つになれば、子供は、皆さんの運勢ではなく、真の父母様の公的運勢を相続するようになるというのです。

そうなれば、夫婦が一つになるのに苦労があったとしても、子供や孫たちから感謝されることでしょう。「私たちの先祖が苦労して一つになってくれたおかげで、私たちがこんな素晴らしい天の恵みを受けることができた。ありがたい」と。

そして、立派な子供が生まれれば、子供を通して、さらに夫婦の愛は向上するでしょう。

皆さん、子供はたくさんいるほうがよいというのです。祝福家庭は少なくとも四人の子供が必要です。一年には春夏秋冬があって、順に巡ってきます。また、平面的には東西南北の四方があり、三百六十度回ることができるのです。それゆえ、立体的に通じる家庭となるには、最低四人の子供が必要だというわけです。

たくさん子供が生まれて将来後悔するということはほとんどありません。その子供たちの祝福の時が楽しみです。すべて違う国の人と祝福を受ければ、家庭が世界の縮小体となります。いろいろな国の言葉が飛び交いますから、共通語として韓国語は絶対必要になってくるでしょう。その家庭においては、国境がなくなるのです。

真のお父様は、「顔形などはどうでもかまいません。だれとでも調和できる性格でもって、息子・娘をどんどん生んだとすれば、その家は栄える」とおっしゃるのです。

自ら投入して相対を創造する

以上のように、祝福の相対は、「過去、現在、未来、すべてにおいてよい」という観点から、真の父母様が組み合わされました。このことは決して、最初から二人が相思相愛ということではありません。むしろ、逆の場合もあります。だからこそ、「絶対的な永遠の相対」という確信と希望をもって努力し、忍耐する必要があるのです。

「神様から与えられた相対だから、何の努力をしなくても自動的にすべてうまくいく」というのでは、あまりに無責任な考え方であり、人生において、人間の努力はすべて不要ということになります。またそうであれば、相対の真の価値も喜びも実感できないでしょう。

神様は人間を永遠の愛の相対として立てるために、神様ご自身が完全投入して、人を創造されました。同じように人間も、「自らが投入して相対を創造した」という立場に立たない限り、唯一、永遠の相対を得ることはできません。最もふさわしい相対を与えるのが神様の責任分担であって、与えられた相対との間に最高の心情と愛の関係を築いていくのは、夫婦の責任分担です。

神様と人間の両方の責任が果たされることを通して、永遠の愛の対象としての理想の夫婦が完成するようになっているのです。

神の国、理想の世界は、美男美女の夫婦が周囲から賛美を受け、崇《あが》められるところでしょうか。有能な力のある者が支配する、弱肉強食の世界でしょうか。そうではありません。真の愛を中心とした世界です。心情において一切の格差も、差別も、不平等もない世界です。

そのような世界は、上の者が願って下の者と結婚するなど、そのような夫婦によって可能となりますから、そういうカップルこそが、神の国では最も尊敬され、神様が誇ることができるというのです。

既成家庭の祝福の意義

では、一度結婚している夫婦が既成祝福を受けるという場合、夫婦自体は同じわけですが、祝福後、どう変わるというのでしょうか。

初めの二人の結婚は神様と関係なく勝手に行ったものですが、祝福を受けることによって、「神様が公認した絶対的夫婦」の位置に立つということです。そのことによって、霊界でも継続して夫婦の位置を維持できるし、二人の間に真の愛を実現することが可能になるのです。

祝福の最大の意義は「血統転換」にあります。サタンの血統を断絶して、神様の血統につなぐということです。それはどういう意味があるのでしょうか。

本来、家庭は愛を完成する場であり、その家庭における愛は夫婦から出発します。その愛は、天から飛んでくるものではありません。学習によって得られるものでもなく、夫婦の努力によって生じるものでもありません。ただ「父母から相続する」以外にないのです。

その絶対的な愛の主体、愛の出発点である父母なる神様から相続することによって、初めて、人間世界に真の愛があらわれるのです。それが、結婚の最大の目的でした。すなわち、神様の承認のもとに男女が結ばれ、結婚を通して神様の愛を相続し、夫婦の間に、神様の愛を実現するようになっていたのです。そこから、真の愛が家庭を通して、子々孫々に相続されていくのです。

既成家庭の夫婦は、結婚はしていても「神様の愛を相続する」という、この結婚の中心目的が果たされていないのですから、もう一度、神様の承認のもとに結婚をやり直す必要があります。そして、神様が承認された夫婦の位置を回復することによって、神の愛を相続する道が開かれるのです。

そうしなければ、たとえどんなに仲睦《むつ》まじい夫婦であったとしても、絶対的な愛、絶対的な幸福を得る道はなく、いつか悲惨な結末を迎えざるを得ません。

もちろん、祝福を受けたからといって、その日から突然夫婦関係が変わるわけではありません。マッチングによる祝福を受けたカップルと同じく、今後、お互いに再創造し合う努力が必要なのです。

これまではどんなに努力をしても、時の経過とともに夫婦愛が冷めていったりしたのですが、これからは努力次第で、真の愛の関係が可能になるというのです。

理想の相対、永遠の愛の相対をつくり出すための苦労はいくら大きくても、決して無駄にはなりません。二人の間に理想的愛の関係が生まれるようになるとき、すべての苦労と恨みは消え去り、最高の喜びに満たされるようになるのです。

これまでの夫婦の姿と表面的には同じでも、二人の背景と価値は、全く異なっていることを確信し、理想的夫婦となる日を希望をもって、お互いに尽くし合っていただきたいと思います。

そして、夫婦からすでに誕生している子女が、マッチングによる祝福を受け、そこから罪無き二世が生まれ、その二世が神様を中心とした祝福を受けるようになるとき、過去の過ちの一切が清算され、完成する道があるというのです。

第2章　聖別期間

絶対に必要な聖別期間

祝福結婚の一連の式も無事終わったならばすぐに家庭を出発したいと願っているかもしれません。一般的考えからすれば、結婚式を終えた後は直ちに家庭生活を出発するのが常識です。しかし、祝福を受けた皆さんは、結婚式から家庭を出発するまでに、ある期間を置かなければなりません。それが聖別期間です。

結婚式を終えて夫婦になったのに、なぜすぐに家庭を出発しないで、このような聖別期間を過ごす必要があるのでしょうか。神様から見れば、厳密には皆さんはまだ夫婦の位置に立っていないのです。

「祝福」は理想的な結婚であり、本来の結婚ですが、同時に、蕩滅の意味が込められているのです。人類始祖アダムとエバは、エデンの園において結婚を誤ることによって、本然の夫婦の位置を失ってしまいました。それが歴史的に血統を通して受け継がれてきました。そのため、本然の夫婦の位置を取り戻すには、その誤った結婚を清算することが必要なのです。

祝福による結婚は、「マッチング」に始まり、「聖酒式」「結婚式」「蕩減棒」「聖別期間」を経て、「三日行事」までが含まれます。これら家庭出発するまでのすべての過程は、エデンの園の失敗を蕩減し清算していくという意味をもっているのです。

ここで、聖別期間というのは、結婚式後、家庭を出発するまでの四十日間を言います。

イエス様を迎えるまでの人類歴史は、堕落によって断絶した神様と人間との心情関係を回復していく歴史でした。多くの犠牲が払われ、信仰の条件が立てられることを通して、その基盤の上に、神様と心情を結んだイエス様が誕生されました。それがメシヤの位置です。

この四千年の聖書歴史は、切れてしまった神様と人間との縦的な関係を回復するための期間であったと言えます。この四千年を短縮したのが、四十日聖別期間に該当します。ですから、四十日聖別期間は、二人が真の父母との縦的関係を結ぶことを通して、神様との心情関係を回復していく重要な期間なのです。

また、四十数は、ノアの四十日洪水審判にも見られるように、サタン分立数です。四十という数的期間を通して、堕落によって侵入した悪や罪、遺伝的に受け継がれてきた先祖の過ちや、それぞれの過去の愛の間違いや失敗を分別し、清算していく意味があるのです。

イエス様は十字架後、直ちに昇天されたのではなく、霊的に復活するための四十日期間が必要であり、その後に昇天していかれました。夫婦が神様を中心とした真の愛の実体として蘇《よみがえ》るためにも、マッチング家庭、既成家庭を問わず、また年齢いかんにかかわらず、四十日という聖別期間は絶対に必要なのです。この四十日聖別期間を経なければ、真の愛を中心とした夫婦関係を築くことはできません。

ただし、祝福二世の祝福の場合は違います。二世はエデンの園における堕落の血統が清算された立場で誕生しているので、彼らの祝福には、このような聖別期間は必要ないのです。

しかし、創造本然の世界においても成長期間が必要なように、二世においても、夫婦となるために必要な心情と愛を育てる一定の期間を経て家庭を出発することが、望ましいことは言うまでもありません。

聖別期間の意義

では、この聖別期間において、何を蕩滅し、何を復帰していくのでしょうか。それを知るためには、エデンの園における過ちがいったい何であり、どのような形で結婚に失敗したのか、そのことをはっきりと理解する必要があります。

エデンの園で、まず霊的堕落が起きました。アダムという婚約者のいるエバが天使長との間に、夫婦愛の関係を結んだということです。

ところで、もともと肉体をもたない霊的存在は、最初から成人として存在しても、成長というものがありません。肉体をもった立場でなければ、愛を成長させ、完成させることはできないのです。

しかし、肉体を伴った立場は、最初から成人としてつくることはできません。必ず乳幼児から出発して、成長期間が必要なのです。そのため、神様は肉体をもったアダム・エバと霊的存在の天使長を造り、両者の協力関係の中で完成する道を備えられたのです。

アダムとエバは、神の子として創造されたといっても、生まれてすぐに、神様の愛に通じるわけではありません。赤ん坊として生まれ、何も分からないアダムとエバの成長を協助していく、教育者のような、父母の代身の存在が天使長だったのです。

神様はすべての存在をペアシステムに創造されたという原則からすれば、男性として造られた天使長も、当然、相対を願います。にもかかわらず、神様が最初から天使長に相対を与えなかったのは、肉体をもたない天使長には夫婦愛を完成させる道がなかったからです。

愛を完成した人間の夫婦を通す以外には天使長の完成はあり得ないので、天使長は自分のことは願わないで、人間の完成のための協助を最優先すべきだったのです。アダムとエバを立派に育て、神様を中心とした結婚ができるように協助すべき使命をもって創造されたその天使長が、エバと夫婦の愛の関係をもってしまったというのです。ここに、第一の過ちがありました。

そこにおいて生じた愛は、本然の夫婦愛ではありえません。その愛は、夫がいるのに夫以外の者との間に夫婦愛の関係を結んだ、妾《めかけ》の愛であり、不倫の愛でした。その愛は本来の夫婦愛に逆行する偽りの夫婦愛であり、神様にとって、真の愛を破壊する怨讐《おんしゅう》の愛でしかないのです。

このような不倫の愛を夫婦愛として人類は受け継いできたのです。夫婦は、受け継いだこの過ちを清算した立場に立たない限り、一般的な夫婦愛の限界を超えて真の愛の関係を築くことは到底できないのです。

すなわち、エバは天使長と愛の関係を結んではいけません。天使長はエバの愛を求めるのではなく、エバの愛がアダムに向かい、一つになることができるように協助しなければなりません。そうすることによって、エデンの園における霊的堕落を蕩滅復帰することができるのです。

ところで、エバはアダムの相対として造られた存在ですから、本然のアダムによって再創造が可能です。このエバの立場が、言うまでもなく祝福を受けた女性です。女性は聖酒式によって、本然のアダムである真のお父様の前に、堕落したエバの立場から、本然の娘として再創造された立場に立ちます。すなわち、霊肉共に血統転換された立場です。

しかし、もともと神様の対象として創造されたアダムは、神様が女性のおなかを通して再び生み返す以外にありません。つまり、男性は、聖酒式において、女性から聖酒をもらって飲むことにより象徴的、条件的にアダムとして生まれましたが、実体的にはアダムの立場ではありません。女性との横的関係から見れば、善なる天使長の位置なのです。

この天使長の立場から本来のアダムとなり、夫となる式が、「三日行事」です。

ですから、祝福を受けてから家庭を出発するまでは、本然のアダムの位置に立つのは真の父であり、エバの位置に立つのが祝福を受けた妻、天使長の位置に立つのが祝福を受けた夫なのです。

人間の堕落の中心はエバであったのですから、聖別期間の鍵《かぎ》を握るのも女性です。女性は天使長と愛において一つになるのではなく、本来のアダムを慕って、アダムと一つになっていかなければなりません。すなわち、夫との関係以上に、真のアダム、つまり、真のお父様との心情的関係を優先しなければならないのです。

真のお父様は、四大心情圏を完成した唯一の真のアダムです。そのお方を通して初めて、女性の中に本然の心情が啓発されていくのです。

心情は、突然空から飛んでくるものでもなければ、努力すれば地から湧いてくるものでもありません。具体的に本然の心情が注がれて啓発されるほかないのです。

ですから、この聖別期間において、女性は真のお父様との関係において、真の娘から始まって、妹、妻、母という心情をいかに復帰し、啓発していくかということが問題です。

エデンの園でエバは、天使長との霊的な愛の関係において堕落していきましたから、今度は、神様と一つになり、完成したアダムとの間に霊的愛の関係、心情関係を結ばなければなりません。そうして、女性は神様の心情に連結されていくことが可能となるのです。

そのような心情を復帰した女性が「三日行事」によって、天使長である男性を、本然のアダムとして生み変えることができるのです。この時に、男性は女性を仲保として、真の父母様と連結されるのです。

それゆえ、聖別期間において女性は、すべてを越えて真のアダムを慕い、真のアダムとの間に縦的な心情関係を結ぶことが最も重要だというのです。

ここにおいて、真の父との縦的な関係というのは、言うまでもなく実体関係ではありません。どこまでも心情関係であり、精神的な愛の関係です。

真の夫婦愛はどこまでも、一夫一婦という絶対的な夫婦関係から出てくるものです。絶対的夫婦関係は、生殖器を中心として、「唯一の夫」「唯一の妻」という関係が結ばれるときに成立します。この原則が守られないとき、真の愛は破壊されます。

それは真の父母も同じです。ですから、真のお父様と女性との愛の関係は、実体的な愛ではなく、霊的愛、心情的な関係です。神様との関係が実体でないのと同じです。実体関係は、あくまでも祝福を受けた夫婦の間においてのみ結ぶものです。

ところで、エバが本然のアダムを愛するといっても、天使長との関係を切ってしまうということではありません。もし、天使長との関係を切ったならば、天使長は寂しくなって、再び堕落した天使長のような状態に陥りやすくなってしまうのです。

ですから、エバは天使長にも情を注いでいかなければなりません。それは夫婦としての情ではなく、完成したアダムから受けた愛の刺激によって開かれた心情を天使長に投入していかなければならないのです。

一方、男性は、妻である女性が本然のアダムを慕うように協助していくことを通して、本来の天使長としての使命を果たしていくようになるのです。男性が女性に仕えていきながら、将来、女性の前に永遠の主体として立つ資格を備えていく期間でもあるのです。

人類始祖のもう一つの過ち

エデンの園におけるもう一つの過ちは、肉的堕落でした。天使長と不倫の愛の関係をもったエバがアダムと実体で夫婦関係を結んでしまったのです。

二人は本来夫婦となるべき立場であったにもかかわらず、それが問題となったのは、この時の二人は、特にアダムが、愛の成長において未熟であったからなのです。

たとえ、エバが天使長と霊的堕落をしたとしても、アダムの愛が十分に成熟し、夫としてエバに対して責任をもてる愛の基準、夫婦愛を完成できる愛の基準に達した立場で結婚していたならば、エバの偽りの愛の力よりも、アダムの本然の愛の力のほうが強いために、霊的堕落は復帰摂理によって、神様を中心とした夫婦愛を復帰することが容易であったのです。

ところが、アダムはまだ十六歳であり、夫婦愛を形成するほど十分に愛が成熟していませんでした。ですから、アダムはエバと結婚することによって、逆に、天使長とエバが結んだ堕落した愛の影響を受けてしまったのです。エバと天使長が結んだ偽りの夫婦愛、不倫の愛そのものが、アダムとエバの実体の夫婦関係において結実するという結果になってしまったのです。

同時に、アダムは、堕落した天使長の偽りの愛によって生まれた天使長の子供の位置に立つようになってしまったのです。これが肉的堕落です。

それを蕩減復帰していくためには、未熟な愛の位置において夫婦となるのではなく、愛が十分に成熟してから夫婦関係を結んでいかなければなりません。

祝福を受けた直後は、神様の息子・娘として誕生したばかりの状態で、まだ、結婚する段階にまで愛が成長していない位置です。祝福を受けた段階で、女性はエバの位置を復帰していますが、男性は天使長の位置で、将来アダムとなっていく立場ですから、本来の天使長の役割と未来のエバの夫・アダムとなるための役割、この二つの役割を果たさなければならないのです。

本来の天使長の役割とは、エバが真のアダムと一つになることができるように協助することであり、未来の夫となるべきアダムの役割は、エバとの本然の兄弟愛の関係を復帰することです。

ですから、男性は自分の妻に対し、お姉さん、お母さんに対する情で接しなければならないし、女性は自分の夫に対し、弟、息子に対する情で接しなければなりません。最初から異性として見た場合は、堕落による不純なアダムとエバの情が残るのです。夫婦としての情をもつ前に、まず兄弟としての情関係を築かなければならないのです。

祝福を受けたからといって、夫婦愛がすぐに完成するものではありません。夫婦愛という完成レベルの愛に至る前には、兄弟愛の段階がなければならず、さらにその前には、父母の愛を十分に受けた子女の愛を備えなければならないのです。

愛は生まれながらに備わっているものではなく、父母から相続するものです。祝福を受けることを通して、神様の血統圏に入り、そこにおいて初めて、子女として本然の父母の愛を受ける立場に立ちます。父母の愛を一方的に受け、子女としての愛を反射的に返していく段階から、自ら主体的に兄弟を愛していく兄弟愛が備わっていきます。

相手を喜ばせてあげたい、相手のために尽くしてあげたい、惜しみなく与えたい、という主体的な愛の世界が、兄弟愛を通して成長していくのです。

そして、十分に兄弟愛が成長した基盤の上に結婚するならば、そこに完成レベルの夫婦愛が生じるようになっているのです。そのような過程を経なければ、創造本然の愛を完成する道はありません。

聖別期間の分別基準

堕落は、愛の未成熟な段階で横的な情関係を結ぶことによって、神様との縦的心情関係が切れたということです。

横的な情とは、夫婦の情、男女の情欲です。その横に流れていく情をコントロールして、縦的な心情関係、すなわち、真の父母との心情関係を高めることによって、二人が、夫婦ではなくて、兄弟のような心情関係をもつということが必要なのです。

そうすることによって、自由に情や愛の関係を結べる状況に置かれても、堕落の情関係、情欲の関係を絶対に結ぶことがない、という精神世界が確立されるのです。

つまり、自分の妻となる女性、夫となる男性が傍らにいて、二人の行動を制約するものが何もない、全く自由な環境に置かれたとしても、神様や真の父母様との心情関係を切ってまでも、夫婦の情関係に流れるということはないということです。

祝福のカップルは天が公認した仲です。二人が一緒にいることに対して、だれも規制できないし、だれも干渉できません。だからこそ、二人の情関係をコントロールするのは、二人にしかできないのです。

自由な関係に置かれても、異性として、あるいは夫婦としての情関係を結ばないというのが、聖別期間の分別基準です。その期間を越えて、将来、家庭をもつようになれば、夫婦がどんなに愛し合っても、神様との縦的関係が切れることはないというのです。

真の愛は絶対的な永遠の愛であって、絶対的存在である神様からのみ相続するものです。相対的存在である人間の世界から出てくるものではありません。神様と無関係な立場で、どんなに男女が熱烈に愛し合っても、その愛には永遠性はありません。人間の世界からでは真の愛は生じないのです。

ですから、この聖別期間に、真の父母との関係をより強く結ぶことを通して、いかに神様と愛の因縁を結ぶかということが大きな課題なのです。神様と真の父母様と、縦的な関係がしっかりと結ばれて初めて、その後、横的に結ばれていく夫婦の間に、真の愛があらわれる道があるというのです。

祝福を受けなければ、神様との心情関係を結ぶ道はありません。しかし、受けたからといって、神様との縦的な関係が結ばれなければ、夫婦の愛を通して真の愛はあらわれず、堕落した夫婦愛の次元にとどまってしまうのです。

神様との縦的愛の関係と夫婦の横的愛の関係は、本来、対立関係ではなく、相互に高め合う関係にあります。縦的愛の関係が強くなるほど、夫婦の愛はより強く結ばれ、夫婦が愛し合うほど、神の愛とより深く結ばれていくというのです。

男女が思春期を迎えると愛し合うようになるのは、本来、神様の愛に触れるためだというのです。そこに人としての究極の喜びと満足があり、それが結婚の目的でもあるのです。

そのような神様の愛に触れることが、祝福家庭の目指す目的です。夫婦の愛が神様の真の愛につながってこそ、祝福の価値があらわれるのです。堕落の悲劇は、神様と愛の因縁を結ぶことができず、天使長・サタンと愛の因縁を結んでしまい、その愛が、アダムとエバの夫婦の間に結実し、子孫に連結されてしまったことなのです。

それを本来の姿に返すためには、夫婦が夫婦として愛し合う前に、神様との仲保者である真の父母との心情関係をいかに結ぶかということが、重要な問題になるのです。

仮に聖別期間がなく、直ちに家庭を出発すれば、家庭生活において、いろいろと支障が起きやすくなるといえます。二人が激しく愛し合えば、神様、真の父母様がどこかに行ってしまって、二人だけの世界に入っていってしまうのです。そうなれば、根のない浮き草のような、さすらう愛となってしまうでしょう。

だからといって、夫婦としての横的関係を蔑視《べっし》して、個人として、神様の前にどんなに素晴らしい信仰の基準を立てたとしても、そこからは神様の愛の理想は出てこないのです。

どちらの場合も神様の理想とは、かけ離れたものになってしまいます。「縦的関係」と「横的関係」を結ぶ接点となるのが家庭なのです。目に見えない神様の愛と理想は、夫婦関係を通して、初めて実体化されます。「縦」とつながりながら「横」にもつながってい く、二人がどんなに愛し合っても神様との縦的関係が切れない関係を結ぶ、それが祝福家庭の本分なのです。

以上が蕩減的立場から見て、夫婦生活を始める前に聖別がなされなければならない理由です。

このような期間を越えなければ、夫婦の中に真の愛はあらわれません。真の愛を求める以上は、必ず、このような聖別期間を通過しなければならないのです。

お互いを理解する期間

次に、現実的な立場から聖別期間の必要性を考えてみましょう。

個人の成長路程において、宗教心を高め、神様を絶対的に信じ、人のために尽くすことを通して十分に愛を育て、その上で結婚したならば、四十日という聖別期間で十分でした。

しかし、そうした成長が十分になされないままに、時の恩恵によって祝福を受けたというのが現状ではないでしょうか。

それゆえ、聖別期間は原則的には四十日ですが、若いカップル等においては、実質的に聖別期間を延長している場合が多くあります。「石の上にも三年」と言いますが、初対面で祝福を受け、交際が始まり、お互いを研究し合い理解し合うには、三年くらいは必要です。総じてこの聖別期間は、お互いに理想的な夫、妻となるための準備期間であるということができます。

この期間は何よりも、人のために生き、人を愛する訓練をしなければなりません。愛せない人を愛する訓練をし、人を愛する苦労をすることによって、愛を拡大させていかなければなりません。そのように愛を成長させ、愛の価値が分かれば分かるほど、夫婦となったときに、お互いに、より大きな愛で愛し合うようになり、子供をより愛することができるというのです。

より理想的な相対関係というのは、お互いに欠点を補い合うことができるような組み合わせです。自分にないものを相手がもっており、自分の欠点をカバーしてくれるような相手というのは、お互いの共通点が少ないのが普通です。それが祝福の大きな特徴ともいえます。

ですから、結婚してすぐに家庭を出発するとしたら、合わないことが多く、難しい状況が生じやすいのです。そのためにも、お互いのことを研究し合い、理解し合う期間として聖別期間が必要なのです。

実りをもたらす公的な苦労

また、この聖別期間は公的な苦労を多くすることが望ましいのです。

祝福を受けた二人が、たとえ会う機会が少なかったとしても、神様を中心とした公的な苦労を多くするならば、お互いに心が通じやすく、出会った時に、心情的関係を結ぶことが容易だというのです。

この期間の公的な苦労は、将来、夫婦の中に、家庭の中に、より大きな実りをもたらすことでしょう。

神様はこの世に一輪の花を咲かせるにも、宇宙を動員されます。神様は、春を呼ぶために空気を暖かくし、土壌を暖め、全天宙を動かしながら、花一輪のために準備されるというのです。

花を咲かせるのでさえ、神様はそれだけ準備をされるのに、まして神様の愛を宿す家庭が出発するというのに、準備しないということがあるでしょうか。その意味でもこの期間は、家庭出発のために必要な基盤を夫婦間でつくりあげていくと同時に、周りが歓迎してくれる環境をつくることも重要なのです。

夫婦に何の基盤もないまま、周囲の無理解、あるいは無関心の中で家庭を出発するとしたら、本人たちにとっても、神様にとっても、これほど寂しいことはないでしょう。

祝福家庭は、私的な、個人的な存在ではなく、神様をその家庭に迎え、神様の理想がその家庭から出発する公的家庭であることを考えれば、いっそう準備が必要です。

純潔を守り兄妹愛を培う期間

言うまでもないことですが、聖別は、夫婦関係にのみ該当することではありません。他の異性との関係において「純潔を守る」ことは、もっと重要です。

「唯一の夫」「唯一の妻」という絶対的関係、そこにおいてしか真の愛はあらわれないのです。ですから、生殖器を夫以外、妻以外に用いないというのが大前提です。

生殖器は、たった一人の夫のため、たった一人の妻のために用いる、最も聖なるものとしてつくられているのです。

二人の愛が成長し、愛のゴールとして夫婦の生殖器が一つに結ばれる所に神様が臨在し、そこから真の愛があらわれ、永遠の生命、神の血統が出発するようになっているのです。

堕落によってフリーセックスが生ずるようになってしまいました。男女関係が乱れているこの社会で、結婚前も、結婚後も、「純潔を守る」ということは極めて難しい状況にあります。

本来は、生まれてから祝福を受けるまでずっと、純潔を守るべきだったのですが、それを守りきれずにきたのがこの堕落世界です。

だからこそ、祝福を受けた後、夫婦として出発する前に、過去の愛の過ちを一切清算し、それらをきれいに整理しておくことが必要です。唯一絶対の夫として迎え、永遠の妻として迎えるために、聖別期間は、お互いに純潔を守り通さなければなりません。

愛の器官を清く保ち、純潔を守り通したならば、より大きな感動をもって家庭を出発することができるでしょう。

エバが純潔を守ることができずに、天使長と不倫の愛で結ばれ、サタンの血統が綿々と受け継がれてきたのが人類歴史です。祝福を受けることを通して、サタンの偽りの愛の血統を転換し、神様の真の愛の血統に連結されたのですから、その真の愛の血統を再び汚すようなことは、絶対にしてはなりません。

この期間は、他人との間で純潔を守り、相対関係の間でもまだ夫婦の位置ではありませんから、兄弟（姉妹）関係を越えてはいけないということです。最も近い兄弟として、だれよりも理解し合い、仲良くし、協力し合い、尊敬し合い、愛し合っていくのです。

兄弟愛が成長しなければ、夫婦愛もまた不完全なものになってしまいますから、まず兄弟としての愛を育てていくことが大事なのです。

聖別期間の長さ

よい子を生むには胎教が大切だといわれますが、それ以上に妊娠する前の夫婦の姿勢が子供の本性の形成に影響するというのです。ですから、なおのこと、聖別期間を貴重に過ごさなければなりません。

聖別期間は、より立派な子を生むための準備期間であるともいえるのです。

真のお父様は、「親の公的心情いかんによって、生まれてくる子供は影響を受けます。神様から記憶され、たたえられるような純粋な心情で夫婦が一つになって、神様のみ意《こころ》にかなう父母になろうという思いをもって生きるとき、立派な子が生まれます。両親の運勢によってではなく、真の父母を中心とした公運によって生まれるようになる」というのです。

家庭の成功、失敗は子女で決定するといえますし、子女は天地の公的な証人でもあるのです。

子供が生まれなければ、どんなに夫婦が立派になってもむなしいものです。夫婦だけでは、今日はあっても未来がありません。霊界に行ってしまえば、地上には何の基盤も残らないことになります。地上生活のすべてを相続すべき後継がいないということはどれほど寂しいことでしょう。

二人の愛が深くなればなるほど、神様の愛によって生まれた血統を残すことに大きな意味を感じるようになるものです。

子女の誕生のことを考えれば、聖別期間は長ければよいというものではありません。三年が限度であり、ある程度年齢のいった夫婦であるならば、聖別期間を短期間で終了して、早く家庭を出発することが望ましいのです。そして、早く子女をもつことです。

神様の愛が、地上の夫婦の愛を通して新しい生命を生みだす、これが本来、神様が願った人間の誕生のあり方です。

家庭において神様の愛を動機とした子供をいかにたくさん生むか、それが最大の課題です。そのような子供を生むためにも、こうした聖別期間が必要なのです。

第3章　永遠の夫婦の出発「三日行事」

聖別期間を終了したカップルおよび既成の夫婦は、そのまま自動的に夫婦として出発するのではありません。永遠の夫婦として出発するための重要な出発の式があります。それが「三日行事」です。この式を行わないで夫婦生活を始めた場合は、堕落の繰り返しとなり、せっかくの聖別期間が無効になりますから注意しなければなりません。

復帰歴史の目的

神様のみ旨とはいったい何でしょうか。それは一言でいえば、神様の創造理想を成就することです。

神様の創造理想とは、神様の愛が基となって、そこから生命が生まれ、そのすべてが血統によって永遠に相続されていくことです。それが神様の願いでありました。神様の愛、性質が、血統を通して、永遠に相続されていくようになるとき、神様の理想が実現するのです。

本来、神様の愛は家庭の中に、四大心情圏、つまり「父母の愛」、「夫婦の愛」、「兄弟愛」、「子女の愛」という形をとってあらわれるようになっていました。しかし、堕落によって、地上世界における愛は、神様の愛から出発したのではなく、天使長がエバとの間につくり出した偽りの愛から出発したのです。

天使長とエバが結んだ愛は、これら家庭的四大心情圏のどれにも該当しない愛でした。永遠の夫となるべき者がいるにもかかわらず、エバは天使長と夫婦の愛の関係をもったのです。これは夫婦愛ではなく、不倫の愛に相当します。この愛は、神様の創造本然の愛の中には存在しません。創造本然の家庭的愛のいかなる範疇《はんちゅう》にも含まれない愛なのです。むしろ、創造本然の愛を破壊していく愛なのです。

神様の愛とは全く相いれない、偽りの愛によって生命が生み出され、それが血統を通して受け継がれるようになってしまいました。サタンの愛、性質が、血統を通して、相続されるようになってしまったというのです。

ですから、神様の創造理想を実現していくためには、このサタンの血統を断ち切らなければなりません。そうすることによって、もう一度、神様とつながる道が開けるのです。神様の心情とつながり、神様の愛と生命を相続し、それを血統を通して、子孫に連結していくのです。そうすることによって初めて、神様の創造理想をこの地上に実現する道が開かれます。

それゆえ、「血統転換」、つまりサタンとの血統をいかに断ち切り、神様との血統を結び直すか、それが歴史の目的とならざるを得なかったのです。

人類が真の父母を迎えなければならない理由も、その一点にあるのです。祝福の中心目的は、言うまでもなくその点にあります。

「三日行事」の意義

では、堕落という問題をもう少し具体的に考えてみましょう。堕落において、エバが天使長との間に夫婦の愛の関係をもってしまい、そこから偽りの愛が出発しました。

その偽りの愛が、実体の夫婦の間に、親子の間に、兄弟の間にウイルスのごとく繁殖して、家庭的な愛としてあらわれ、被造世界全体に広がってしまったのです。

エバが天使長と愛の関係を結ぶことによって、愛の主体である神様の位置は、天使長に取って代わられました。それは、天使長が神様と愛における対立関係、怨讐《おんしゅう》の関係に立ったということを意味しています。

エバは、天使長と偽りの愛の関係をもった後、アダムと実体的な夫婦関係を結びました。それは、エバが、神様の愛と断絶された位置、神様の愛を破壊した立場で、アダムと実体的に愛し合ったということです。そのことによってアダムは、「サタンの愛の影響を受けて生まれた」という位置に立ってしまいました。

その後、アダムとエバは子女を生んでいきました。すなわち、サタンの愛を中心として、生命を生み出し、それが血統を通して相続されていくようになったのです。これが堕落です。

その結果、すべての人間は、サタンの血統の中に生まれ、サタンの愛の影響を受けざるを得なくなったのです。それが人類の最大の悲劇です。

そのサタンの血統を神様の血統に転換するためには、堕落と逆の経路を通過していかなければなりません。

まず、聖酒式を通して女性は、「神様の愛と因縁を結んだ」という立場に立ちます。神様と完全に一つになった本然のアダム、すなわち、四大心情圏を完成した真の父と心情的に一つになることによって、神様の愛と因縁を結んだ立場に立つのです。その手続きが聖酒式です。

女性が、神様と対立的な位置に立つのではなく、神様と一体となった完成アダムと一つになることを通して、堕落の間違った関係を元返していかなければならないのです。

そして、女性が神様の愛と因縁を結んだ立場で、男性と実体的な愛の関係を結ぶことを通して、その男性は、「神様の愛によって生まれた」という本来のアダムの位置を回復するようになるのです。これが「三日行事」の意味するところです。

「三日行事」は、「神様の愛に連結された女性が、男性との間に実体的な愛の関係を結ぶことを通して、その男性自体を本然の神様の息子として生み出していく」という意味をもつのです。これが「三日行事」の核心的な意義です。

アダムと天使長の違い

天使長は、人間と姿かたちは変わらないといいます。さらに言葉も話すし、神様のみ旨を知っており、神様の愛も感受できます。

では、天使長とアダムの違いとは何でしょうか。

神様は天使長に相対を許されませんでした。天使長は相対をもたない立場です。それぞれが単独で神様との縦的な関係を結んでいくのが、創造本然の天使長の立場なのです。ですから、天使長は結婚することもなく、子供をもつこともありません。天使長には父母という位置も、兄弟という位置もありません。それゆえ、天使長自体から家庭的愛が出てくるわけがないのです(アダムが完成して真の家庭を完成するまでは、そういう立場です)。

天使長の愛は、神様との縦的な愛の関係だけです。神様のみを愛し、縦的な関係で生きなければならなかったのに、天使長は、横的な夫婦の愛を求めていったのです。その誤った愛の関係が、堕落を引き起こしたのです。

ですから、堕落の愛は、もともと神様とは無縁の愛で、天使長から出発したものです。神様から出発する家庭的愛、すなわち父母の愛、夫婦の愛、兄弟愛、子女の愛という四大心情圏の中には含まれない愛です。むしろ、神様を中心とした家庭的愛を破壊する愛なのです。

一方、アダムという位置は、神様から相対が与えられることを前提とした位置です。相対をもつということは、妻をもち、そこから子供が生まれ、家庭が形成されるということです。ですから、いかにアダムとして誕生しても、地上で結婚できなければ、霊界では天使長の位置でしかないのです。イエス様がそうでした。

アダムは、その位置が堕落によって失われてしまい、天使長の子供の立場に立ってしまったのです。それゆえ、堕落した人間は、本来相対をもつことが許されない立場なのです。

「祝福」は、失われた家庭的愛を復帰して、本然の家庭を築いていくことが、その目的です。

それを成し遂げるには、まず、男性が天使長からアダムの位置を回復しなければなりません。アダムの位置に立たない限り、相対をもつことができず一切の出発がなされないのです。アダムという位置に立って、初めて、そこから神様の創造理想をもう一度スタートすることが可能となります。それをなすために「三日行事」が不可欠なのです。

聖酒式を通して、神様の愛と一つになった本然のアダムと心情的に一つになった女性が、この「三日行事」を通して、天使長である男性を、アダムの位置に生み変えていくのです。

そこから、神様の創造理想である本然の家庭の出発が可能となるのです。

女性にとっての「三日行事」の意義

では、「三日行事」は女性の側から見れば、どのような意義があるのでしょうか。

本来、女性はアダムの相対としてつくられたので、アダムという主体がいなければ、相対としての女性は、存在位置もなく、何の価値ももたないのです。主体であるアダムがいなければ、その相対としての女性は必要ないわけで、すべて天使長のような単独の立場でいいということになります。

堕落によって、アダム、つまり夫を失うことを通して、女性は正妻の位置を失ったのですから、女性が本然の立場に帰っていくためには、アダムを復帰しなければなりません。そうしなければ、女性の立つべき位置も、女性としての安息の場も得られないのです。

本然のアダムとして夫を迎え、女性自体が本然のエバという正妻の位置に立っていかなければ、歴史を通しての神様の恨みを解く道はありません。

この「三日行事」は、女性にとっては、男性を天使長から本然のアダムとして生み変え、女性自身が本然の夫を得て、正妻としての位置に帰っていくという、重要な意味をもっているのです。

女性がどんなに素晴らしい人格者であり、どんなに熱心な信仰をもっていたとしても、一人では神様の前に本来の女性としての価値を現すことはできません。それゆえ、女性にとって、神様がその主体として創造された夫、神様の愛によって生まれた夫を迎えることは、女性の歴史的な宿願であったのです。

「三日行事」を通して初めて、このことが成就できます。女性は、神様の愛によって生まれた本然の夫を迎えることができるのです。

神様の愛によって男性が生み出され、その正妻として女性が立つのです。このようにして、男性と女性が創造本然の位置に立つことにより、神様の愛を中心とした夫婦として出発することができるのです。

祝福家庭の夫婦生活の出発

家庭における夫婦関係のあり方は、夫婦としての出発時の基準が、その後に大きく影響するものです。夫婦がどのような状態で結ばれるかによって、家庭の将来が大きく左右されるのです。ですから、家庭の出発の場というのは、とても厳粛なものであり、最高の基準で男性と女性が出会うようにしなければなりません。

一般的に、家庭は、プライベートなものとして、だれも他人の家庭のことには干渉したがらないし、また、干渉されるのを嫌います。とりわけ夫婦の問題は、他人が干渉してほしくない、という考え方がとても強いものです。

今日まで、個人に対する教育は、時代と共に進歩発展してきましたが、家庭教育は介入に限界があり、それぞれの家庭に任されてきたというのが実情です。したがって、なおさら、家庭がさまざまな問題の温床になりやすいのです。

今日の社会が抱えている問題の原因は家庭にあると言われながらも、その家庭にだれも立ち入ることができないというのが現実なのです。その家庭の中でも、さらにプライベートなことが夫婦の関係です。その夫婦の関係の中でも、さらに他人が触れることを許さないのが夫婦の性生活です。

この夫婦の正しい性生活を具体的に指導してくれる人は、過去にもいなかったし、現在もいません。また、医学的見地を除けば、そのことに対してほかに指導を求める人もいませんでした。夫婦の性生活というものは、だれも干渉するものではない、と考えられてきたのです。

しかし、夫婦の性生活にこそ、夫婦関係の根本があるのです。性生活を抜きにして、夫婦が理想的な愛の関係を築き、完全に一体となることは不可能です。なぜなら、夫婦が霊肉ともに完全一体化し、愛を完成するために、神様は男女の生殖器を凹凸に造られたからです。

性的関係は夫婦間にだけ許された関係であり、その点が他の愛と明確に区別されるところです。この性的関係なくして夫婦が完全に一つに結ばれる道はないのです。「三日行事」は、まさに、夫婦の最初の性関係に、神様が直接介入することを意味します。それは神様の愛を中心として夫婦が結ばれるということです。

人類始祖アダムとエバの堕落以降、歴史において夫婦は、神様と無関係に、二人の愛の欲望の赴《おもむ》くままに性的関係を結んできました。それを正さない限り、理想的な夫婦関係はありえないのです。

神様を中心とした創造本然の夫婦として初めて愛の関係を結ぶ場が、「三日行事」です。夫婦関係の基となる性生活において、神様を中心とした正しい関係で出発するための場が、「三日行事」だというのです。それは永遠の夫婦として出発するという夫婦の決意の証《あか》しでもあります。

いかに素晴らしい祝福を受けても、肝心の夫婦関係の出発が、普通の夫婦と同じく欲望のままになされるとしたら、すべて台無しです。ですから、「三日行事」は、厳粛に、襟を正し、動機を正して臨まなければなりません。

夫婦愛は幸福の原点

夫婦愛こそ、地上で神様の愛が出発する起点です。夫婦愛の真ん中に、神様が臨在されるのです。

神様の愛を中心として、夫婦が愛し合うところから永遠の生命が生まれてきます。そこから神様の血統が始まるのです。

夫婦が愛し合う、その一点に、すべての幸福の原点があり、平和の原点があり、喜びの原点があるのです。

そんなに素晴らしい夫婦愛をなぜ隠す必要があるでしょう。神様は、夫婦が愛し合っている姿をご覧になって喜ばれ、その姿をみんなにも見せたいと思われるのです。夫婦が愛し合う姿、それは最も公的なことなのです。

しかし、堕落によって、それが、人に見せられない恥ずかしいものになってしまいました。それは、神様を抜きにして、自分たちの欲望を中心として、動物が愛し合うように夫婦が愛し合うようになってしまったからにほかなりません。

李相憲《イサンホン》先生の『霊界の実相と地上生活』（光言社刊）にも、このような内容があります。

霊界では、一つになった夫婦は、部屋の中だけで愛し合うのではなく、花畑や大自然の中で、みんながいる中でも愛し合うというのです。全く人の目を気にすることなく、自然に、いつでもどこでも愛し合うのです。

その夫婦の愛し合う姿は何よりも美しく輝いており、だれでも見ることができるし、見ている人も、あまりの美しさに見とれると書かれています。しかし、一つになっていない夫婦は、人目につかない、小さな部屋に隠れて愛し合うというわけです。

三日間それぞれの意味

それでは、「三日行事」の三日間のそれぞれの意味について説明しましょう。

堕落は、エバが、神様の愛とは逆の、天使長の愛を中心に関係を結び、その偽りの愛を中心としてアダム・エバが夫婦となってしまったことです。

それを本来の状態に復帰するためには、夫婦として出発する前に、「エバの立場に立つ女性が、神様の愛といかに因縁を結ぶか」ということが問題になります。それをなすのが聖酒式でした。

その基盤のうえに、「三日行事」を行うのです。

第一日目は、神様の愛と因縁をもった女性が、男性と夫婦の関係を結ぶことによって、天使長である男性を、アダムとして生み出す式となります。

男性はそれまで天使長の位置でした。天使長の位置に立っていた男性が、神様と愛の因縁で結ばれた女性と夫婦の愛の関係を結ぶことを通して、神様の愛の影響を受けて、神様の息子、すなわちアダムとして生まれた位置に立つのです。

男性と女性は夫婦として愛の関係を結ぶのですが、その時女性は、母親が息子に対するような情をもって臨むことが大切なのです。

男性は、肉体的欲望が先立たないようにしなくてはいけません。「相手のために」という心情から、本然の愛が出てくるのですから、自己の欲望が先立ってしまうと、本然の愛の関係は生じにくくなります。しかも、まだアダムとして生まれてもいない者が、男女の愛をもつということはありえないのです。

女性は母親の愛をもって男性に対し、男性は母親の愛を受けて、母親によって生んでもらうという立場で、第一日目の関係をもつのです。

第二日目はアダムとして生まれた男性の成長期に当たります。

第一日目に生み出された男性は、アダムとして生まれたといっても、まだ赤ちゃんの立場です。赤ちゃんは母親の愛を受けながら育っていくのです。

ですから、第二日目は、男性は母親を慕うような心情を、自分の妻を通して開いていくのです。そして、妻は、母の愛をもって息子を育てていくような心情で接していくのです。

第二日目を経て、男性は、堕落前のアダムのように、成長して結婚が可能な段階まで至るのです。

そのうえで女性は、立派にアダムとして成長した男性を、今度は息子としてではなく、永遠の夫として迎えるのです。それが第三日目です。

男性はアダムとして成長し、初めて、相対としての女性を迎えることができます。神様を中心とした本然の夫婦として結び、出発していくのです。これが第三日目の意味です。

このような意味をもつ「三日行事」を越えて、初めて、エデンの園における堕落のいっさいが清算されるのです。

「マッチング」から始まり、「聖酒式」「結婚式」「蕩減棒」「聖別期間」「三日行事」にいたる一連の祝福行事は、そのすべてが、堕落した立場から本然の位置に帰っていくための蕩減式でした。その蕩減式の総決算、最後の締めくくりが、この「三日行事」なのです。

「三日行事」がなければ、たとえ実体で祝福を受けても、夫婦間に愛の価値はあらわれないし、実感できません。結婚式のとき以上に、「三日行事」を通して生まれ変わった実感と、夫婦として深く結ばれた感動を覚える人が少なくないのです。

「三日行事」の後は、神様の愛を中心として結ばれた夫婦として、永遠に愛し合っていくのです。もはや、愛し方においてこのような制約も制限もありません。

やがて、神様の愛を中心として夫婦から子供が生まれてきます。まさに神様の愛によって生まれた子供ですから、生まれながらにして永遠の生命をもつようになります。神様との愛の因縁の中で生まれた子供、これこそ、神様が願われた本然の人間の位置だったのです。

親子は同じ血統でつながりますから、当然、父母から子供、子供から孫へと、神様の愛と生命と血統が永遠に相続されていくようになるのです。こうして、神様の創造理想が地上に成就されていくのです。

このような「三日行事」の道が開かれて、本然の夫婦として出発することができるのは、大変な恩恵であると言わざるを得ません。

人類歴史は夫婦の出発を誤ることによって、神様と世界全体が悲劇を迎えるようになりました。夫婦の出発時点において、神様を中心に正すことは、その家庭に幸福と平安をもたらすにとどまらず、神様と全天宙の安息圏につながるのです。

それは家庭がすべての起源であり、出発点だからです。せっかく祝福を受けても、「三日行事」をしなければ、祝福の価値は半減することを知らなければなりません。「三日行事」を通して、理想の相対を復帰するための過去のすべての恨みと苦労から解放され、新しい希望の未来に向かって出発されることを心から願っています。

[著者略歴]
倉本正彦（くらもと　まさひこ）

1944 年　兵庫県生まれ。
1966 年　世界平和統一家庭連合入教。
1967 年　和歌山大学経済学部卒業。印刷会社に入社。
1970 年　777 双祝福を受ける。以後、教会の活動に専念。
1982年　家庭局長就任。祝福行事、祝福家庭教育に携わる。
1996 年　国家メシヤ活動に専念。
2001 年　米国移住。マイアミにて宣教活動に従事。
2008 年　帰国。現在、埼玉県在住。

真の家庭を出発するために

2001 年 9 月 1 日　初版発行
2020 年 1 月 20 日　第 2 版第 1 刷発行

著　者　　倉本正彦
発　行　　株式会社　光　言　社
〒150-0042 東京都渋谷区宇田川町 37-18
代表電話　03 (3467) 3105
https://www.kogensha.jp
印　刷　　日本ハイコム株式会社

ISBN978-4-87656-095-0

2010000013564